Mein Gott!

Fröhliche Wissenschaft 183

Jean-Luc Nancy

Mein Gott!

Aus dem Französischen übersetzt von
Dietrich Sagert und mit Korrespondenzen
zwischen Autor und Übersetzer

Matthes & Seitz Berlin

Inhalt

Mein Gott!

1.

Kann man *von* Gott sprechen (*parler*[1]), ohne sich *an* Gott zu wenden (*s'adresser*)? Dies erscheint auf Anhieb unmöglich. Und dies führt in der Konsequenz zu der Frage: Kann man, sobald man sich an Gott wendet, noch von ihm sprechen? Ohne Zweifel kann man nicht mehr von irgendjemand sprechen, sobald man sich an ihn (an sie … eine Unschlüssigkeit, für die es, das nur nebenbei, in Bezug auf Gott keinen Grund gibt, was aber einer eigenen Erörterung bedürfte) wendet, aber dennoch wendet man sich an ihn.

Wenn ich das Adressieren Gottes auf diese Weise einführe, dann bedeutet das weder, dass ich es praktiziere, noch, dass ich mir über den Sinn dessen, was ich dergestalt bezeichne, oder das, was damit auf dem Spiel steht, vollkommen sicher bin. Es bedeutet lediglich, dass es mir von vornherein unmöglich erscheint, von Gott zu sprechen, ohne die Tatsache zu bedenken, dass, welche Bedeutung man diesem

Wort auch zuschreiben mag – insbesondere wenn sie durch eine Bezugnahme geprägt ist, die man Glauben nennt, oder, wie ich es tue, durch das Interesse, welches man einem besonderen Faktum der Kultur, der Sprache und des Denkens schuldet – es sich um einen Eigennamen handelt und es dementsprechend keinesfalls auf ein Konzept reduziert werden kann. Das Eigentümliche an »Gott« besteht genau darin, dass er einen allgemeinen Namen zu einem Eigennamen erhebt und »den Gott« als Kategorie des Seienden in der Singularität einer Person verschwinden lässt (um sich zunächst mit dieser Annäherung zufrieden zu geben). In Gott verschwinden alle Gottesnamen – Osiris, Zeus oder Jupiter –, und dieses Verschwinden der Personen und ihrer Rollen fällt zusammen mit dem Verschwinden des Konzeptes von »Gott«, jenem »*theos*« im Singular, dessen sich Platon ein einziges Mal bedient,[2] um »den Göttlichen« oder »das Göttliche«,[3] wie man es übrigens auch manchmal übersetzt, zu bezeichnen. Doch auch wenn Platon damit das Christentum vorbereitet haben mag, bleibt die Tatsache, dass »Gott« als Eigenname durch die Beschreibung des Denkens eines »Göttlichen« nicht zu fassen ist, zu dem sich Platon gerade »flüchten« wollte, um sich von den Erscheinungen zu befreien.

Das alles ist gut bekannt und dennoch klebt immer eine zähe Doppeldeutigkeit an diesem Namen »Gott« – und diese kann ihn vielleicht genau deshalb nicht verlassen, weil der Gehalt des Konzepts sich nicht ganz und gar auflösen lässt in einem Eigennamen, der sich dadurch als ein Leihname[4] erweist. Aber ob als Leihname oder als stellvertretender Name für einen unnambaren[5] Namen, wie es von allen Varianten der Tradition aufs Neue praktiziert wird, die man »monotheistisch« nennt, die man aber besser »atheophatisch«[6] nennen sollte – der Name bleibt eher Index oder wenigstens Indiz der Anrufung einer Instanz als die Instruktion einer Bezeichnung oder Bedeutung. Man müsste sagen: Was oder wer auch immer es sei, der mit diesem Namen angerufen wird, und ob er damit nun gut benannt ist oder nicht, er ruft uns wenigstens zur Anrufung auf. Es geht darum, ihn anzurufen.

Deshalb schlage ich »mein Gott!« als passendere Formulierung für den Namen »Gott« vor, wobei das »mein« dabei zunächst einfach den Ausruf und die Anrufung als Werte markiert, die man am ehesten als denotativ zu bezeichnen versucht ist, also als etwas, das sich für ein Konzept halten ließe.

2.

Dennoch muss man sich den genauen Bedingungen dieser Anrufung nähern. Ich beschreite dazu den Weg über die Predigt »Beati pauperes spiritu« von Meister Eckhart.[7] Dieser Text könnte auch der Ursprung der Formulierung »Gott als solcher« sein – und vielleicht ist das ja sogar der Fall. Die drastischste Zusammenfassung dieser Predigt wäre folgende: Arm im Geiste zu sein heißt, Gott als solchen ganz und gar aufgelöst zu haben. Daraus folgt, dass das wahrhaftige Verhältnis zu Gott die Anrufung ist, die ihn um diese Auflösung bittet – mit Eckharts berühmtem Satz: »Ich bitte Gott, von Gott losgelöst zu sein« (*détaché, délivré, absous*).[8]

Gehen wir zurück zu den grundlegenden Voraussetzungen, die diesen Text von Meister Eckhart bestimmen. Die tiefgehendste Voraussetzung besteht darin, Gott auf wesentliche Weise in seine Schöpfung einzubeziehen. Entsprechend seinem besonderen Wesensmerkmal als Gott, kann Gott nicht Gott sein – und damit Gott als solcher –, ohne Schöpfer zu sein. Er ist der Gott der Geschöpfe, seiner Geschöpfe. Denn die Eigenschaft, die dieses Possessivpronomen »seiner« markiert – und auf die meiner Meinung nach das »mein« in »mein Gott« respondiert –, ist keine äußere Eigenschaft, sondern eine innere. Die Geschöpfe sind seine, weil ihre Schöpfung sein Akt und dieser Akt sein Sein ist, wenn man diese Begriffe benutzen will.

Die Geschöpfe sind also nicht Sein (oder Seiende), zu denen ein anderes Sein (oder Seiendes) eine Beziehung unterhält (in dem Fall wäre »Schöpfung« dann eine Art der Produktion oder Erzeugung). Im Gegenteil, die Geschöpfe sind die Aktualität des göttlichen Aktes und Gott ist nichts als dieser Akt,[9] seine Schöpfung ist Wachstum alles Seins oder Seienden, ohne selbst aus einem Sein oder Seienden hervorzugehen.

Gott als Gott, in sich selbst und als außerhalb seiner Schöpfung gesehen, ist also nicht Gott. Das ist es, was Eckhart zur letzten Konsequenz treibt, wenn er sagt, dass Gott in und durch die Geschöpfe ankommt (*advient*[10]) und dass in diesem Sinne »ich der Ursprung dessen bin, dass Gott Gott ist«. Wenn Gott Gott ist, dann ist er es nicht, indem er »Gott in sich selbst«*[11] ist, sondern indem er »Gott in den Geschöpfen«* ist. In den Geschöpfen ist er Wirken, das agiert und aus seinem eigenen Abgrund – dem »ewige[n] Abgrund des göttlichen Wesens« – die Geschöpfe bewirkt (*effectue*[12]). Er ist nur in diesem Wirken (*effectuation*), in diesem Wachstum aus dem Abgrund heraus, und deshalb hat sein Sein in sich – sein Wesen* – weder Substanz noch unterschiedene Konsistenz. Auch ist er nicht unterschieden von seiner Schöpfung als von seinem wesentlichen Ziel (»vollkommene[n] Wesensziel der Geschöpfe«*).

Als Gott als solcher, als Gott an sich und ausgestattet »mit allem, worin er Gott ist«*, erscheint Gott als das, von dem entbunden, befreit, losgelöst zu sein besondere Wichtigkeit zukommt. Die Worte *abgelöst* und *losgelöst* akzentuieren die Predigt so, als wollten sie ein genaues Echo zur *Erlösung** erzeugen.

Indem der Mensch sich befreit und sich von Gott loslöst, kann er die »Armut im Geiste« erreichen, von der die Predigt handelt. Und diese Loslösung und -sprechung (*absolution*[13]) muss nichts weniger auflösen als jeglichen Besitz Gottes (sei er außerhalb von mir gesetzt, vor mir oder über mir), aber auch jeglichen Besitz meiner selbst, insofern ich Kenntnis oder Liebe Gottes eignen könnte, denn auch davon muss meine Armut entledigt werden. Und noch einen Schritt weiter muss ich schließlich lernen, dass ich in mir nicht einmal eine wie auch immer geartete *Stätte** behalten und dem Handeln Gottes anbieten kann. Denn Gott allein kann in mir oder anderswo den Ort für seine eigene Aktion formen, vorausgesetzt, er *wirkt in sich selbst**, und seine Schöpfung findet, wenn man so sagen kann, ganz in ihm statt.

Nur ist alles, was in ihm passiert, nichts anderes als sein Hinausgehen aus sich selbst – das Hinausgehen aus dem Abgrund, der sein Sein ist und der auch das Ausbrechen und das *Durchbrechen** des Geschöpfes ist. Das ist also der *Ursprung**, der originäre Sprung aus dem Abgrund heraus, durch den Gott »ist«, d. h. agiert, wirkt, sich ausagiert und sich selbst bewirkt in jedem geschaffenen Sein, und dabei selbst nichts für sich allein ist.

3.

Wie soll man verstehen, dass etwas, etwas Reales, nicht das sei, was es ist? Oder dass sein Sein oder sein Wesen sich als solches weder fassen noch darstellen lässt, obwohl es das Wirken selbst ist, durch das alle Dinge sind? Das ist nicht verständlich, und es ist auch gar nicht notwendig, es zu verstehen, wie Eckhart selbst sagt. Dafür gibt es zwei Gründe: Zum einen gibt es diejenigen, die, obgleich sie nicht verstehen, doch bereit sind, sich in eine Armut des Verzichtes auf jeglichen eigenen Willen zu begeben, um nur den Willen Gottes zu erfüllen; ihnen gebührt Lob, selbst wenn sie auf diese Art und Weise die Unterscheidung von »Gott« beibehalten, anstelle sich selbst in der Geburt von sich selbst und von allen Dingen als Ursprung Gottes zu finden – sich zu finden oder sich zu verlieren in der Ewigkeit, wo ich selbst bin wie Gott »oberhalb von Sein und Unterschied«*. Zum anderen gibt es diese Wahrheit meiner Ewigkeit, d. h. die Wahrheit dessen, was mich der Zeit und der Verderbtheit (*corruption*[14]) entzieht; während sie jedoch der Ort des göttlichen Wirkens der Schöpfung aller Dinge in der Zeit ist, lässt sie sich nicht verstehen, denn es handelt sich darum, »dieser Wahrheit gleich zu werden«. Sie ist die »nackte Wahrheit, wie sie ohne Vermittlung aus dem Herzen Gottes hervorgeht«.

Der Wahrheit des Herzens Gottes gleich zu werden, kann nicht gelernt werden, und es bildet auch keinen höheren Grad an Perfektion oder Würde. Dieses Jenseits des Willens, des Wissens, wo die wahre Armut liegt – d. h. letztlich die Wahrheit in ihrer Armut –, ist weder länger noch höher, weder außerhalb von mir noch von der Welt. Die Ewigkeit ist »weder Davor noch Danach«*, sondern jetzt hier.

Was ist dieses Gegenwärtige der wahren Gegenwart in der Gleichheit der Wahrheit und im »Genuss der Wahrheit«* (Freude in Armut)? Es ist nichts anderes als das durch diese

Formulierung Ausgedrückte: »Ich bin der Ursprung meiner selbst entsprechend meinem ewigen Sein.«* Dieses Gegenwärtige ist dasjenige meines Durchbrechens*, des Hervorbrechens, in dem »ich das bin, was ich war und sein werde, jetzt und für immer«. In diesem Durchbruch bin ich »losgelöst von meinem Willen und vom Willen Gottes.«* Der Durchbruch meines Seins – dieses Seins, das nichts anderes ist als der Durchbruch, die Öffnung, die den Abgrund aufreißt, und nichts Substanzielles oder Wesenhaftes – ist identisch mit meiner Identität mit Gott in der Ewigkeit, die jenseits von Gott selbst und jeglichen Geschöpfen herrscht.

Man muss unterstreichen, dass es darin keinerlei Exaltiertheit der Art gibt, die man so gerne »mystisch« nennt. Faktisch berühren wir hier in einer bemerkenswerten Art und Weise die außerordentliche Doppeldeutigkeit, die sich immer mit diesem Wort *mystisch* verbindet, ob es sich dabei um Pseudo-Dionysius, Eckhart oder Bataille handelt. Immer wieder wird Schwärmereien, die angeblich von sich behaupten, in ein Geheimnis einzudringen, mit Argwohn begegnet, dabei handelt es sich hierbei im Gegenteil um die strengste Nüchternheit gegenüber einem Mysterium, in das man aus dem ganz einfachen Grunde nicht eindringen kann, weil es ganz offenkundig und zugänglich vor einem liegt – wobei es aber eben nur der Nüchternheit zugänglich ist.

Im Durchbruch meiner Loslösung, in diesem Durchbruch, der den Punkt darstellt, wo die Ewigkeit sich zu meiner macht, erhalte ich ein *Gepräge**; die Übersetzung dieses Wortes bietet eine Schwierigkeit, weil man darin zugleich den Abdruck und den Schlag, der den Abdruck einprägt, hören muss. Der Wert des »Schlages« kann nicht vernachlässigt werden, weil der Text sagt, dass dieses *Gepräge** »mich höher als alle Engel transportiert«. Es ist ein Schlag – eine Erschütterung auch, wie es einige übersetzen –, der mir zugleich etwas einprägt – eindrückt, wenn man so sagen darf. Eckhart sagt »gibt mir« – »einen derartigen Reichtum, dass Gott mir mit allem, was er als Gott als solcher ist, nicht mehr genügen kann«. Es ist eine Gabe und ein Schlag, ein Impuls, die Erschütterung eines Schlages (sollte man daran denken, dass der Reichtum an die geprägte Münze erinnert, jenes große Paradigma der *Prägung**?). Aber zugleich ist es der Schlag, der die Gleichgültigkeit erschüttert und »mich« von »mir selbst« löst, von dem, dem ich gleich bin über Sein und Unterschied hinaus.

4.

Worin besteht also genau dieser Schlag? Wo oder wie wird er geschlagen? Wir wissen es: Er wird von der Ewigkeit in die Ewigkeit geschlagen und öffnet diese für die Unterscheidung meiner Existenz, für die Unterscheidung eines »Ich« und eines »Er« (»Gott«), dessen gesamte Aktivität – der Akt, der er durch und durch ist – das göttliche Wirken des Existierens selbst ist, so wie es unmittelbar die Unmittelbarkeit öffnet. *Gepräge** gehört zur selben Familie wie das *Brechen** der *Durchbrechung**, die Durchbrechung, mittels derer das Geschöpf hereinbricht. Der Schlag, sein Schlag, seine Durchbrechung und sein Abdruck sind die Schöpferkraft selbst.

Worin besteht aber nun in diesem Text, genau in diesem Moment die volle Aktualität des Wortes? Sie liegt nicht in der einfachen Behauptung meiner Einheit mit Gott wie mit mir selbst im schöpferischen Ursprung, denn genau das könnte weder als ein Ding oder ein Sein noch als eine Wahrheit oder eine Erfahrung dargestellt werden. Wenn es richtig ist, dass »Gott eins ist im Intellekt«*, und wenn diese Einheit Gottes in dem und als das besteht, was »Intellekt« bezeichnet, d. h. wesentlich die Beziehung zu sich selbst und schließlich die Einheit meiner selbst in Gott und Gottes in mir ist, dann manifestiert sich diese Einheit, die lediglich in der Aktivität der Einheit Gültigkeit hat, als die Beziehung zu Gott. In ihr gewinnt der Einsatz des Textes seine Aktualität – sofern der Einsatz nicht nur rein theoretisch bleibt.

Diese Aktualisierung, oder eher diese Aktualität – denn es handelt sich nicht um einen Übergang von Potenz zu Akt, sondern um den einzigen Akt, der zugleich in »Frage« steht – ist also die des einzigen wirkenden (*effectif*) Sprechaktes, der im Text zweimal wiederholt wird: »Ich bitte Gott, von Gott losgelöst zu sein« und »Ich bitte Gott, mich von Gott loszulösen«. Was meint diese Bitte oder dieses Gebet? Es meint zuerst einen Unterschied und einen Abstand zwischen Gott und mir: Diesen Abstand deutet mein Sprechen selbst an, bzw. es bewirkt (*effectue*) ihn, sobald es an Gott gerichtet wird.

Die Aktualität setzt ferner voraus, dass ich mich an Gott wenden kann und in der Konsequenz daher eine bestimmte Nähe zwischen ihm und mir besteht.

Sie nimmt schließlich an, dass ich mich an Gott mit der Bitte wenden kann, mich von ihm loszulösen, und dass in der Konsequenz Gott selbst es ist, der sich auflöst, indem er das Geschöpf von seiner Unterscheidung zu seinem Schöpfer loslöst (*absolvant*). Wenn er diese

Unterscheidung auflösen kann, dann ist er selbst in mir, in seiner Einheit mit mir; der Akt dieser »innersten Armut«,* wonach es in mir weder Wollen noch Wissen, noch Haben gibt – d. h. nichts, gar nichts, an das sich in irgendeiner Weise anknüpfen ließe – außer der Durchbrechung, der Erschütterung, der Impuls oder der Eindruck meiner Existenz, d. h. der Existenz eines »mein« (eher als die Existenz eines »Ich«), die kein besessenes Gut ist, sondern dieses »mein«, das wesentlich sagen kann »mein Gott« – und im Aussprechen des »mein« keinerlei possessives Besitzen verfolgt.

Eckharts Bitte oder Gebet meint stillschweigend »mein Gott«, der notwendigerweise ausgesagt werden muss (und ich sage bewusst »der … muss« und nicht »das … muss«, was man eher erwarten würde, denn »mein Gott« ist hier nicht Äußerungsinhalt, ohne zugleich der Äußerungsakt zu sein, in dem Sinne, dass man sein »Subjekt« beim Namen nennt).

»Mein Gott – befreie mich von dir!«: Befreie mich von jeglicher Möglichkeit (und jeglicher Versuchung …), dich unter einer Ordnung eines Seins, einer Person, eines Schöpfers oder Rechtsprechers anzueignen. Sicher, wenn wir sagen »mein Gott!«, denken wir nicht an all diese theoretischen oder spekulativen Konsequenzen. Und dennoch …

Dennoch sagen wir »mein Gott!«, ohne daran zu denken, ohne an Gott zu denken. Sicher, »mein Gott!« ist eine kulturelle Ablagerung, ein winziges Überbleibsel der Christenheit, das sich durch die Sprache zieht. Ohne Zweifel wird es immer seltener, und man weiß, dass dieser reflexartige Ausruf bei den gebildeten Menschen von einem mehr oder weniger sarkastischen »wenn ich so sagen darf« gefolgt wird. Es geht mir keinesfalls darum, diese Formel mit einem Gewicht zu versehen, das sie seit Langem verloren hat. Aber sie hat es mit Recht verloren: nicht nur, weil »Gott tot ist« (Eckhart sagt es übrigens selbst, »Gott ist tot, damit ich der Welt absterbe und allen geschaffenen Dingen«), sondern weil die Wahrheit von »mein Gott!« nicht in der Anrufung einer helfenden oder tröstenden Macht oder eines Seins liegt, das im Besitz einer solchen Macht ist.

»Mein Gott!« ist ein Ausruf, der die Tonalität des Erstaunens annehmen kann ebenso wie die des Schreckens, der Bewunderung, der Bedrückung, und er kann sich auch bis zu einer denkerischen Unterbrechung (»Wer ist Gott? Mein Gott, ich habe keine Ahnung …«) reduzieren. Ausruf oder Unterbrechung, *mein Gott* verweist auf ein Unsagbares: nicht auf eine Sprache des Jenseits, aber auf ein Jenseits der Sprache, das die Sprache noch anzeigt, und zwar durch eine angemessene Ernennung – ich will sagen, durch eine Benennung (*nomination*), die ich mir als meine zu eigen mache, genau in dem Maße, in dem sie niemanden nennt (in dem sie *Personne* nennt, würde Celan sagen[15]) und in dem ich meine Meinigkeit (*mienneté*) dieser Un(be)nennbarkeit (*innomination*) zuwende.

Das Unbenennbare ist kein Reales, das alle Benennung übersteigt, es ist das, was alle Namen benennen, ohne es jemals zu bedeuten (*signifier*): Es ist der Grund selbst der Sprache, die ihrerseits immer von Neuem auf die Anrufung verweist, die sie wiederum öffnet und formt.

»Mein Gott, löse mich ab von Gott!« – ist eine Anrufung dessen, was weder beim Namen genannt noch angerufen werden kann, das sich aber, auf diese Weise angerufen, bereits zeigt und antwortet: Nein, es gibt keinen Gott mehr, und deine Existenz entsteht in einem Impuls, der sie unmittelbar in deine absolute Unterschiedenheit (getrennt von allem, auch dem noch so radikalen »Deinen«, das du dir jemals vorstellen oder erproben könntest) jenseits von Sein und Unterschied wirft.

Eines Tages sagen wir vielleicht nicht mehr »mein Gott!«. Aber wir werden nicht aufhören, in die Unterbrechungen unseres Denkens oder unseres Diskurses zu rufen und dieses Ausrufen selbst als unsere eigenste und intimste Wahrheit zu empfinden. Vielleicht auch als unsere ärmste Wahrheit, jeden Sinns beraubt und auf diese Weise immer wieder der ganzen Ausdehnung ihres Durchbrechens ausgesetzt.

Nachwort: Ein Austausch aus Ablehnung

Im ersten Jahrzehnt des neuen Jahrhunderts verschrieb sich Jean-Luc Nancy einem Projekt, das er »Dekonstruktion des Christentums« taufte. Es schlug sich in zwei Buchpublikationen nieder – »Aufschließung« (*La déclosion*, Paris 2005; Dt: *Dekonstruktion des Christentums*, Zürich/Berlin 2008) und »Anbetung« (*L'adoration*, Paris 2010; *Anbetung. Dekonstruktion des Christentums 2*, Zürich/Berlin 2012) – und beschäftigt sich mit einer Dynamik, die dem Christentum von Anfang an in unterschiedlichen Formen innewohnt, besonders in seiner westlichen Ausprägung. Diese Bewegung ist eigentlich eine transformatorische Verschiebung des Christentums, das sich selbst übersteigt und sich dabei zugleich von sich absetzt. Bei dieser Absetzbewegung werden Zugänge zu Ressourcen frei, die das Christentum selbst gleichzeitig verbirgt und offenbart. Aufregende Operationen des Denkens vollzieht Nancy dabei, sie bleiben bei keinem Ergebnis stehen, drehen und wenden die Gedanken, entdecken Neues, manchmal auch Altbekanntes neu, bringen es in Bewegung, in ungewohnte Zusammenhänge, sehen sie von außen an, spielen sie einander zu. Es ist der Versuch, Christentum zu denken mit dem philosophischen Instrumentarium des heutigen Philosophen.

Auch in anderen Werken Jean-Luc Nancys lassen sich Spuren dieses Projektes finden. Oft trifft er auf vernachlässigte Denkfelder, wenn er zum Beispiel unter dem Titel *Corpus* (Zürich/Berlin 2003) die traditionelle eucharistische Formel *hoc est corpus meum* mit heutigen Körpererfahrungen etwa im Tanz verbindet. Ein weiteres faszinierendes Beispiel ist die kleine Studie »Noli me tangere« (Zürich/Berlin 2008). Sie unternimmt eine neue Lektüre der Erzählung aus dem Johannesevangelium, ausgehend von den zahlreichen Darstellungen dieser Szene in der Malerei.

Es ist eine spielerische Lust an neuen Lesarten, die zuweilen etwas spitzbübisch unerwartete Pfade geht und sich doch in letztem Moment einer Feststellung entzieht. Wer sich auf diese Denkungsart einlässt, lässt sich auf ein Abenteuer ein.

* * *

Es erschien verlockend, beide Bände, »Aufschließung« und »Anbetung«, der »Dekonstruktion des Christentums« als »Passage«[16] in den theologisch-kirchlichen Diskurs einzuspeisen. Angefragt, ob er bereit wäre, in einer kirchlichen Akademie aus seinen Büchern zu lesen und diese zu diskutieren, sagte Jean-Luc Nancy freudig zu und musste doch später krankheitsbedingt wieder absagen.

Später fragte ich ihn, ob er anstelle seines Kommens aus der Perspektive seiner Dekonstruktionen etwas über das Predigen schreiben könnte. Nancy reagierte indigniert: Zu so etwas wie Predigt vermöge er nun gar nichts zu sagen, das überstiege seine Kapazitäten und die der Dekonstruktion. Ich insistierte, indem ich mein Verständnis dafür ausdrückte, dass ihm zu jeder Art von bekenntnishafter oder gar institutionell repräsentativer Predigt der Zugang fehlte, aber gleichzeitig schilderte, wie gerade seine Lektüre des Jakobusbriefes (in *Dekonstruktion des Christentums*) oder eben der Episode des »Noli me tangere« mir neue Zugänge für das Predigen zu eröffnen schien. Beide Auseinandersetzungen, so unterstrich ich, hätten mir klargemacht, dass Dekonstruktion und Predigt sich keinesfalls ausschlössen: Wenigstens gelegentlich könnte Letztere ungewohnte Denk- und Erfahrungsräume jenseits der Selbstvergewisserung erschließen und mit ihren Hörerinnen und Hörern teilen.

Nancys Antwort blieb negativ. Doch im Schatten seiner Ablehnung entspann sich ein unverhoffter Austausch. Durch meine Zuschrift, so Nancy, wisse er nun allerdings genauer, warum er über Predigt im Allgemeinen nichts sagen könne und wolle: Sie sei nichts anderes als die Übermittlung oder die Verkündigung einer Botschaft. Er habe keine Botschaft und könne also auch keine predigen. Wie könne denn ein Pastor einer Gemeinschaft von Gläubigen predigen, dass Gott nicht sei?

Ich dankte für die Klarheit dieser Antwort, die mich berührte, und entgegnete, dass ich im Rahmen meiner Arbeit am Zentrum für evangelische Predigtkultur[17] an diese Grenzen zu gehen versuche, da mir Predigt zu stark von repräsentativen Gewohnheiten geprägt sei, die ich gern in Bewegung bringen oder öffnen helfen wolle. Gerade der Begriff einer Botschaft, die man für fest verfügbar halte und nur verkündigen müsste, erschiene mir heute nicht mehr geeignet, wolle man den Zuhörer und die Zuhörerin als Souverän seiner/ihrer eigenen spirituellen Erfahrung respektieren. Ich fragte mich: Müsse man nicht vielmehr Fragen – bis hin zur Frage nach der Existenz Gottes – offenbleiben lassen und eben nicht vorgefertigte Antworten liefern, sondern diese den Zuhörenden zutrauen? In diesem Zusammenhang würden mich insbesondere Begriffe wie Gratuität (als Aktualisierung des lutherischen *sola gratia*) oder

Werklosigkeit (*desœuvrement*) interessieren, die Nancy beide selbst verwende.

Nancy antwortete etwas amüsiert darüber, dass ich meine Fragen Stück für Stück selbst beantwortete; aber eine Predigt, die die Existenz Gottes offenhalte, gäbe es tatsächlich – es sei die Predigt von Meister Eckhart. Im Anhang seiner Mail würde ich den Text eines am Institut Catholique de Paris gehaltenen Vortrages finden, in dem einige Gedanken dazu formuliert seien. Man müsse sich aber klarmachen, dass derjenige, der sagt: »bitten wir Gott, dass er uns von Gott frei hält«, immer vom Innerhalb des Glaubens und selbst vom Innerhalb der Kirche spreche …

Wiederum bedankte ich mich, vor allem für den Hinweis auf Meister Eckhart, wollte aber auf die Idee zurückkommen, dass man selbst in einem freien theologischen Austausch den philosophischen Kategorien des Seins und der Repräsentation verhaftet sei, stellten sich diese doch immer wieder als Sackgassen des Denkens heraus. Ich fände im Konzept des Teilens, wie er es in *singulär plural sein* (Berlin 2004) entwickelt hätte, einen Ausweg: Es sei eben kein Sein (und somit auch kein Sinn oder Botschaft), außer als geteiltes Sein, das Sein sei also lediglich im Mit-. Allerdings war mir noch nicht klar, was dies für die Sprache hieße und auch für Worte, also für Predigt …

Nochmals antwortete Jean-Luc Nancy: »Ganz einfach, eine Predigt wird gehalten, um ihre Hörer zu Gott zu wenden – selbst, wenn wir Gott bitten, uns von ihm frei zu halten, so ist es immer noch er, den man bittet!«

* * *

Neugierig las ich Nancys Text über Meister Eckhart mit dem Titel »Mon Dieu!«, wobei im Hinblick auf den homiletischen Zusammenhang zwei Gedanken ins Auge sprangen.

Gleich zu Beginn stellt Jean-Luc Nancy die wichtigste Frage: »Kann man *von* Gott sprechen [...], ohne sich *an* Gott zu wenden (*s'adresser*)?« Sogleich, als Konsequenz der Frage selbst, dreht sich die Frage um: »Kann man, sobald man sich an Gott wendet (*s'adresse*), von ihm sprechen?« Im Spiel dieser beiden Fragen findet sich das ganze Dilemma der Predigt. Zugleich könnte sich eine komplette Homiletik aus ihm entfalten. Aber ein Stück weiter im Text kommt die komprimierte homiletische Provokation, der es sich zu stellen gilt: Der Name Gott, an den man sich wendet, oder von dem man spricht, ist nur scheinbar ein Eigenname (*nom propre*), vielmehr ist er eine Art Platzhalter dessen, der keinen Namen haben kann (*l'innommable*). Der Name bleibt als solcher »eher Index oder wenigstens Indiz einer Anrufung einer Instanz als die Instruktion einer Bezeichnung oder Bedeutung«. Nancy betont, dass Gott kein Konzept ist (wenn man überhaupt von »Sein« sprechen kann), keine Überzeugung, keine Ideologie, sondern eine Anrufung. Hier, dachte ich beim Lesen sofort, scheint ein homiletischer Stachel zu stecken, um den man nicht herumkommt, der aber in der kirchlichen Theorie und Praxis nach Kräften ignoriert wird. Was wird landauf landab nicht alles im Namen Gottes gepredigt, was Gott will, wozu Gott einlädt, was Gott tut oder lässt bzw. tun oder lassen soll …

Später kommt Nancy auf eine dieser Plattitüden zurück, die seinem Text den Namen gibt und sich als weitverbreitete homiletische Praxis in vielfacher Weise findet: auf den umgangssprachlichen Ausdruck »Mein Gott!«. Mindestens genauso oft wie in der Kirche kommt dieser Ausruf jedoch in der profanen Alltagssprache vor. In Fluch und Segen werden Realitäten des Lebens mit Gott in Verbindung gebracht. Der Ausdruck oder Ausruf »Mein Gott!« ist dabei ohne Zweifel ein Überbleibsel christlicher Ablagerungen in unserer Kultur. Es wäre verfehlt, diese Aussprüche mit einer Bedeutung zu befrachten, die, wenn sie jemals existierte, sich jedenfalls seit Langem verloren hat. Dennoch markiert ihre beiläufige Alltäglichkeit allenthalben eine Praxis, die man homiletisch nennen sollte:

Der umgangssprachliche Ausdruck »Mein Gott!« kann viele Tonalitäten annehmen, die »des Erstaunens [...] ebenso wie die des Schreckens, der Bewunderung, der Bedrückung, und er kann sich auch bis zu einer denkerischen Unterbrechung (›Wer ist Gott? Mein Gott, ich habe keine Ahnung ...‹) reduzieren. Ausruf [*exclamation*] oder Unterbrechung [*suspension*], *mein Gott* verweist auf ein Unsagbares: nicht auf eine Sprache des Jenseits, aber auf ein Jenseits der Sprache, das die Sprache noch anzeigt, und zwar durch eine angemessene Ernennung – ich will sagen, durch eine Benennung (*nomination*), die ich mir als meine zu eigen mache, genau in dem Maße, wie sie niemanden nennt (in dem sie *Personne* nennt, würde Celan sagen) und wie ich meine Meinigkeit (*mienneté*) in Richtung dieser Un(be)nennbarkeit (*innomination*) wende.« Es geht also darum, jede Benennbarkeit zu überwinden und immer von Neuem eine Anrufung zu riskieren, »die öffnet und die formt«, aber niemals etwas bedeutet.

»Eines Tages sagen wir vielleicht nicht mehr ›mein Gott!‹«, so schließt Jean-Luc Nancy seinen Text über Meister Eckhart, »aber wir werden nicht aufhören, in die Unterbrechungen unseres Denkens oder unseres Diskurses zu rufen und dieses Ausrufen selbst als unsere eigenste und intimste Wahrheit zu empfinden. Vielleicht auch als unsere ärmste Wahrheit, jedes Sinns beraubt und auf diese Weise immer wieder der ganzen Ausdehnung ihres Durchbrechens ausgesetzt. «

Ganz gleich, ob man als Leser oder Leserin der Texte von Jean-Luc Nancy gewillt ist, sich der Mühe oder dem Vergnügen seines Denkens auszusetzen, der Impuls, einer denkerischen Unterbrechung nachzugeben, ist ermutigend. Eine denkerische Unterbrechung ist dann eine Unterbrechung (*suspension*), wenn sie das Denken anhält, in der Schwebe hält. Selbst Denkblockaden könnten in diesem Sinne als denkerische Unterbrechungen gelten, sie unterbrechen die selbstreferenziellen Wiederholungsbahnen der Gedanken. Gar in die eigenen Unterbrechungen hineinzurufen nach dem Vorbild des umgangssprachlichen »Mein Gott!« (und da ist alles an Tonalität enthalten …), könnte das, was wir gewöhnlich Predigt nennen, aus dem Gatter der Gewohnheit befreien. Von den Unterbrechungen zu erzählen, wäre immerhin ein Anfang.

Dietrich Sagert

Eine Korrespondenz über Körper

Fast zehn Jahre nach unserem ersten Austausch im Jahr 2012 fragte ich Jean-Luc Nancy, ob er mit der Veröffentlichung meiner Übersetzung seines Textes »Mon Dieu!« einverstanden sei. Er war es und schlug vor, dass ich ihm doch ergänzend einige Fragen stellen könnte.

In diesem Zeit-Raum aber – geöffnet durch den Ausruf: »Mein Gott!«, der das Denken unterbrechen lässt – hat sich die Situation des Christentums verändert: Es sind Körper aufgetreten. Diese Körper sind nicht Körper von Auferstandenen, ebenso wenig sind es Körper von Erlösten. Es sind gequälte Körper, misshandelte, vergewaltigte Körper, Körper von missbrauchten Opfern.

Der Ausruf »Mein Gott!« hat sich in einen Schrei verwandelt. Er ist stärker als jede Predigt. Diese Körper haben sich darangemacht, selbst zu predigen, auf ihre Art. Sie predigen von einem gewaltigen Missverhältnis zwischen der sakramentalen Intimität eines *hoc est corpus meum* und der körperlichen Praxis außerhalb des Sakramentes …

Dietrich Sagert:
Ausgehend von der Formel *hoc est enim corpus meum* haben Sie das Körperdenken unserer Kultur erkundet. Dabei sprechen Sie u. a. vom Körper Gottes, vom Körper des Sinns, vom Körper des Nächsten, von Körpern der Arbeit, des Kapitals, der Welt. An welcher Stelle Ihrer Überlegungen könnte der misshandelte Körper seinen Platz haben?

Jean-Luc Nancy:
Das Interesse am Denken der Körper als einem *hoc est corpus meum* besteht darin, sich ihrer Realität in Nähe und Empfindsamkeit (*sensibilité*) zuzuwenden, denn nur dort kann sich Sinn (*sens*) erheben. Nun entwickeln aber heute die Gegenwarten von Milliarden von Körpern, die den Planeten bevölkern, durch medial erzeugte Nähe eine zunehmende Dichte und Intensität. Und das ist nicht im Sinne des »Bildes« (*image*) im spektakulären und entwirklichenden Sinne gemeint. Im Gegenteil, es handelt sich dabei um eine Hyperbel des Reellen. Ich sehe jeden Tag aufständische Massen, polizeiliche Repressionen, Flüchtlingslager oder im Meer treibende Körper, Opfer von Attentaten oder von Kampfhandlungen, die weder militärisch noch zivil, sondern vor allem Folgen von Auseinandersetzungen mit schweren Waffen sind. Und ich sehe

Hungernde, Kranke, Verfolgte, von ihren Territorien und von ihren Existenzmöglichkeiten Verjagte … Ja, man kann sagen, dass das Wort »Was ihr einem meiner Geringsten unter euch getan habt, das habt ihr mir getan«[18] auf eine sehr befremdliche Weise widerhallt. Aber wer ist noch verbunden mit dem, der da spricht? Christus ist fast keine identifizierbare Figur mehr und noch weniger eine Gegenwart, die hindurchscheinen würde durch die realen Figuren der Unglücklichen.

Eine einzige Sache scheint hindurch: eine grenzenlose und nicht zurückdrängbare Gewalt. Eine rasend-wütende Behauptung von Macht, die den Gebrauch von Mitteln einer grauenvollen Macht schürt oder sogar heraufbeschwört.

Nun hat man aber vor langer Zeit im Namen Christi selbst getötet, gefoltert, geraubt, vergewaltigt, ausgehungert und in Brand gesteckt. Inbegriffen im Namen des einen Christus gegen einen anderen – einen Mensch gewordenen, einen gnadenhafteren, einen weniger »filioque«, einen »sacré-coeur« oder einen »pantokrator« etc. Heute bleibt kein einziger präsentabler Christus mehr übrig. Heute führen einige Kriege im Namen Allahs und andere unterdrücken die Muslime im Namen einer verfälschten hinduistischen Heiligkeit, während man anderswo die

Staatskonformität des Shintō vorantreibt … Was kann da »predigen« überhaupt bedeuten wollen?

Dietrich Sagert:
Wie konnte es, dem Zusammenhang von Schöpfung und Inkarnation folgend, in dem Gott selbst den Körper eines Menschen annimmt, dann die genannte Formel prägt und in gewisser Weise praktiziert (in der Feier des Abendmahles und einer Gemeinschaft von Menschen), dann förmlich zu einer Abspaltung des Körpers kommen? Welche sind die wichtigsten Stufen dieser Entwicklung?

Jean-Luc Nancy:
Die Trennung vom Körper ist eher griechisch als christlich, oder sie ist das griechische Signum im Christentum. Der Körper ist getrennt, das Fleisch (hebräisch *basar*, griechisch *sarx*) ist es nicht. Nur das mit der Sünde belastete Fleisch hat die Trennung vom Körper in einem gewissen Sinne vertieft.

Griechisch, westlich … das ist die Welt, in der »das wahre Leben anderswo ist«, wie Rimbaud es ausdrückt. Das Wahre, das Gute, das Schöne sind anderswo. Sie sind abwesend. Selbst die Menschwerdung Christi kippt um in der Erniedrigung und dem Leiden der Kreuzigung. Man weint über den Gekreuzigten, weil er aufgrund unserer Sünden gekreuzigt ist ... Man müsste die gesamte Christologie überdenken. Auf welche Weise ist der Tod Teil des Lebens, Teil des Lebens des Fleisches und also auch des Geistes ... im Geist des Judäo-Christentums ist er nicht weit entfernt, aber dennoch auf Distanz ...

Wir ertragen unsere Existenz nicht. Aber trotzdem leben wir; wir hängen am Leben, aber wir wollen es dauerhaft und ohne Tod. Und dabei ist dieses Leben geprägt von zwei Perspektiven: die des Akkumulierens (von Geld oder Jahren ...) oder die des Sprungs heraus aus der Welt hinein in ein Paradies, welche von einer armseligen Vorstellung des fortdauernden Lebens herrührt ...

Dietrich Sagert:
In seinen *Confessiones* tritt uns Augustin als der Erfinder des Subjektes entgegen. Wie hängt diese Subjekterkenntnis zusammen mit seiner Konstruktion der Erbsündenlehre, die den Menschen vor allem als Körper im Zustand der Verderbnis sieht? Welches sind die Folgen für eine Politik der Körper im Christentum und seine kulturellen Prägungen?

Jean-Luc Nancy:
Das Subjekt ist zuerst der Adressat: Du bist gerufen (Abraham), aber davon nicht zu tren-

nen ist das Subjekt zugleich eine Behauptung: »Ich bin's«. Mit Augustin entdeckt sich dieses »Ich« als dazu fähig, die Anrede zu erwidern in einem Gruß, der nicht mehr abrahamitisch ist: *interior intimo meo.*[19] Nun aber ist dieses *interior* (und *superior*) das Ich, das sich behauptet … Es gibt da eine Ambivalenz: »Ich« bin es, der Gott anerkennt, selbst wenn es Gott ist, der sich mir öffnet. Die Verderbtheit (*corruption*) liegt im Hochmut dieses »Ichs«. Sie ist der Anspruch (*prétention*), Gott gleich zu sein (*eritis sicut deus*[20]: man müsste erneut fragen, was mit diesen Worten des Satans gegeben ist). Der Mensch ist die Kreatur, die das Geheimnis seiner Kreation erkennt, aber wenn diese ihn (wieder)erkennt bzw. (an)erkennt, warum sollte er nicht Gott gleich sein?

Der Sinn der Erbsünde (*péché originel*) ist die unausweichliche Verderbtheit der Kreatur, die ihren Zustand erkennt als einen Niedergang (was griechisch ist) und die aus diesem Niedergang heraustreten kann, indem sie sich Gott wieder zuwendet (was jüdisch ist). Um sich Gott wieder zuzuwenden, muss sie hindurch durch ihr eigenes »Bekenntnis« (*confession*) – auch das ist eine Geste des Hochmuts (*orgueil*).

Die Kultur des Hochmuts zielt darauf ab, den Menschen seines eigenen Heils zu befähigen. Selbst wenn er behauptet, dass nur die

Gnade ihn erlösen kann: Es ist noch Hochmut, das zu wissen. Es gibt eine Hybris des Wissens. Wenn ich sage, »die Ratschlüsse Gottes sind undurchdringlich«,[21] vertraue ich mich Gott an oder bin ich es, der behauptet, dass ich diese Undurchdringlichkeit durchdringe (im Sinne einer souveränen Vernunft).

Es stellt sich die große Frage nach der Demut (*humilité*): Was ist die christliche Demut? Sie existiert, aber sie ist immer bedeckt mit einem Hochmut (*orgueil*), der in seiner Demut hochmütig sein kann. Der Islam ist unter diesem Gesichtspunkt interessant …

Dietrich Sagert:
Gerade in seiner Predigt »Beati pauperes spiritu« deutete Meister Eckhart das Verhältnis zwischen Gott und Mensch, Schöpfer und Geschöpf anders als Augustin. Welche neuen Interpretationen des Körpers ermöglicht das Eckhart'sche Prinzip der Loslösung als einer Loslösung der Körper von der Verderbnis?

Jean-Luc Nancy:
Meister Eckhart stößt direkt ins Herz der Frage vor: Es geht darum, weder etwas für sich noch etwas durch sich zu wollen. Die große Angelegenheit des Westens wird das Wissen gewesen sein: Das Wissen von der Natur ist ein Wissen

über »Gott«, und so hat das Wissen Gott schließlich verjagt. Aber ein Wissen über Gott wird sich immer in dieser Situation wiederfinden. Jesus hatte kein Wissen über Gott: Er zeigt nur die Kleinen, die Armen, die Ehebrecherinnen, die Prostituierten, die Arbeiter der elften Stunde, die verlorenen Söhne, die Lilien auf dem Felde … Das alles erscheint manieriert, süßlich, zu freundlich, um glaubwürdig zu sein. Dennoch sind es die Wege, den Hochmut, den Willen, die Absicherung abzulegen …

Die erste Demut ist es, weder »Gott« noch seinen »Willen« zu kennen …

Dietrich Sagert:
Spätestens seit Augustin steht die Erfahrung der Sexualität im Zentrum der Wahrnehmung der Körper. Teilen Sie diese Konzentration, wenn Sie, wie in Ihrem letzten Buchtitel, Existenz und Sexualität zur *Sexistenz* verbinden? Was bedeutet das für unseren Kontext der schreienden Körper?

Jean-Luc Nancy:
Die schreienden Körper sind gerade nicht von ihrer Sexualität getrennt. Man schreit auch mit seinem Geschlecht, seinem Geschlecht entsprechend. Manchmal schreit man beim Orgasmus … Das Geschlecht (*le sexe*) ist kein Attri-

but, was dem Verdauungs- oder Nervenapparat vergleichbar ist. Es ist eine Bestimmung (*détermination*) der Existenz – und gewiss sind die Verdauung und die neuronale Kybernetik es auch. Aber das Geschlecht ist der Körper-zum-anderen, der Körper-durch-und-für-den anderen. Und zwar zum anderen lebendigen menschlichen Körper, nicht nur den Körpern aller Art, die uns umgeben. Das Geschlecht färbt zwangsläufig jede Wahrnehmung (*sensation*), jede Repräsentation. Aber ich würde nicht von einer »Konzentration« sprechen; ich versammle nicht die Existenz im Geschlecht, ich sage, dass das Geschlecht all unsere Verhaltensweisen imprägniert, färbt oder parfümiert. Es ist der sichtbare Teil eines Eisbergs, den wir Triebe (*pulsions*) nennen, und ohne Triebe wären wir einfach leblos.

Wenn die Sexualität mit dem Christentum zentral geworden ist, dann deshalb, weil das triebhafte Geheimnis ans Tageslicht gekommen ist. Die Figuren, die es für sich in Anspruch genommen haben – Vaterschaft, Mutterschaft, Abstammung, Jungfräulichkeit, Männlichkeit etc. –, haben alle allerdings die Gegenwart oder die Konsistenz ihrer »Figuren« verloren. An ihrer Stelle steht eine absolute Ohne-Figur, deren Natur oder Akt man »Liebe« nennt. Aber diese Einzigartigkeit (*unicité*) der Liebe, obwohl sie geheimnisvoll bleibt, entspricht nicht der Beugung (*diffraction*) der Triebe ... Die Liebe wertet die Sexualität also auf, wenn man so sagen kann, aber sie bestimmt sie als das, was in ihrer Einheit (*unité*) vereint (*réuni*) werden muss ...

* * *

Nancys Antworten halten Fragen offen. So eröffnet er zugleich Denkfelder für transformatorische Verschiebungen, in denen sich ein kommendes Christentum erfinden könnte. An einer Stelle folgt Jean-Luc Nancy direkt einer Spur des Kommenden, nämlich dessen, was innerhalb des Christentums Auferstehung genannt wird. Er entwickelt einen Gedanken aus einer konkreten, nahen, körperlichen Geste, wie sie die Szene des »Noli me tangere« malt.

Sie soll unsere Überlegungen beschließen:

»Möchte nicht, denk nicht daran. Tue es nicht nur nicht, sondern, auch wenn du es tust (und vielleicht tut es Maria Magdalena, vielleicht liegt ihre Hand bereits auf der Hand dessen, den sie liebt, oder auf seiner Kleidung, oder auf der Haut seines nackten Körpers), vergiss es sofort. Du hältst nichts, du kannst nichts halten noch festhalten, und dies ist, was du lieben und wissen musst. Eben dies ist ein Wissen aus Liebe. Liebe, was dir entkommt, liebe den, der fortgeht. Liebe, dass er fortgeht.«[22]

Anmerkungen

1 A. d. Ü.: Französische Worte in Klammern sind zur Orientierung vom Übersetzer aus dem französischen Original eingefügt.
2 Im *Theaitetos*. A. d. Ü.: Platon, *Theaitetos*, 176c.
3 A. d. Ü.: *Le divin*, im Französischen nicht nach dem grammatischen Geschlecht unterschieden.
4 A. d. Ü.: In *Prêt-nom* klingt der »Leihname« (*prêter*: leihen), aber auch der »Vorname« (*Pré-nom*) an.
5 A. d. Ü.: Parallelbildung zu »unnennbar«, für *innommable*.
6 A. d. Ü.: Vgl. Jean-Luc Nancy, *Dekonstruktion des Christentums*, Berlin/Zürich 2008, S. 143.
7 Ich stütze mich auf die moderne deutsche Übersetzung aus dem Mittelhochdeutschen nach der Ausgabe *Lectura Eckhardi I: Predigten Meister Eckharts von Fachgelehrten gelesen und gedeutet*, herausgegeben von Georg Steer und Loris Sturlese, Stuttgart 1998, sowie den Kommentar von Kurt Flasch. Siehe {www.meister-eckhart-gesellschaft.de/texte.htm#F52}. A. d. Ü.: Dies gilt für die folgenden Zitate, wenn nicht anders angegeben.
8 A. d. Ü.: Klammer im Original. *Détaché* (abgemacht, entfernt), *délivré* (befreit), *absous* (losgesagt, losgesprochen).

9 In dem Sinne, dass dieser Akt weder Produktion noch Erzeugung ist, sondern Wachstum, Zuwachs, erfordert er nicht die Unterscheidung zwischen einem Subjekt und einem Objekt der Aktion.

10 A. d. Ü.: Advent, theologischer Terminus technicus für die Ankunft und Wiederkunft Christi, vgl. kirchenjahreszeitlich: Advent.

11 A. d. Ü.: Im Original in Klammern auf Deutsch. Im Folgenden markiert als * im Text.

12 A. d. Ü.: *effectuer, effectuation, effectif.* Lat.: *effectus*, rhetorischer Terminus technicus für die performative Wirksamkeit der Rede; liturgischer Terminus technicus für die performative Wirksamkeit der Sakramente.

13 A. d. Ü.: Lat.: *absolutio*, theologisch-liturgischer Terminus technicus für die Lossprechung von den Sünden (Absolution) z. B. bei der Beichte.

14 A. d. Ü.: Lat.: *corruptio, status corruptionis*, theologischer Terminus technicus für den Stand des Menschen nach dem Sündenfall Adams. Grundlage für die Konstruktion der Erbsündenlehre bei Augustin. Vgl. Kurt Flasch, *Augustin. Einführung in sein Denken*, Stuttgart [4]2013, S. 172–226. Zum Verhältnis Meister Eckharts und Augustins im Zusammenhang der oben genannten Predigt vgl. meinen Blogeintrag »ledic stâ« auf

{www.predigtzentrum.de/index.php?url=Seiten%2FBlog+von+Dietrich+Sagert&postid=15}.

15 A. d. Ü: Verweis auf Paul Celans Gedichtband *Die Niemandsrose*, der in der frz. Übersetzung *La Rose de personne* lautet, wobei *personne* »niemand« wie auch »Person« bedeuten kann.

16 Veranstaltungsreihe des Autors in verschiedenen Kooperationen: Passagen – Gedankengänge zwischen Kultur und Glauben, u. a. mit Hartmut Böhme, Bruno Latour, Martin Walser, Joseph Leo Koerner, Sybille Lewitscharoff, Dirk Pilz (2010–2015).

17 Seit 2018 Zentrum für evangelische Gottesdienst- und Predigtkultur der EKD in Wittenberg, www.predigtzentrum.de.

18 A. d. Ü.: Mt 25,40.

19 A. d. Ü.: Augustinus, *Confessiones* (III, 6, 11), *interior intimo meo et superior summo meo*; dt.: »innerer als mein Innerstes und höher als mein Höchstes«, vgl. Augustinus, *Bekenntnisse*, Stuttgart 2008, S. 88.

20 A. d. Ü.: Gen 3,5; dt.: »Ihr werdet sein wie Gott«.

21 A. d. Ü.: Vgl. Röm 11,33.

22 Jean-Luc Nancy, *Noli me tangere*, Berlin/Zürich 2008, S. 50.

Jean-Luc Nancys Vortrag »Mein Gott!« wurde unter dem Titel »Mon Dieu!« ursprünglich im Rahmen eines Kolloquiums am Institut Catholique de Paris (ICP) im Januar 2011 gehalten. Die frz. Originalversion findet sich abgedruckt in: Philippe Capelle-Dumont (Hg.) *Dieu en tant que Dieu. La question philosophique*, Paris 2012.

Erste Auflage Berlin 2021

MSB Matthes & Seitz Berlin
Verlagsgesellschaft mbH
Göhrener Str. 7 | 10437 Berlin
info@matthes-seitz-berlin.de

Satz: Monika Grucza-Nápoles, Berlin
Druck und Bindung: Art-Druk, Szczecin
Umschlaggestaltung nach einer Idee von
Pierre Faucheux
ISBN 978-3-75180-500-1
www.matthes-seitz-berlin.de